D1692695

Bernd Hill

Paradiesvögel

Symbole der innigen Liebe

agenda

Bernd Hill

Paradiesvögel

Symbole der innigen Liebe

agenda Verlag
Münster
2023

Bibliografische Informationen der Deutschen Nationalbibliothek

Die Deutsche Nationalbibliothek verzeichnet diese Publikation in der Deutschen Nationalbibliografie; detaillierte bibliografische Daten sind im Internet über http://dnb.dnb.de abrufbar.

© 2023 agenda Verlag GmbH & Co. KG
Drubbel 4, D-48143, Münster
Tel.: +49(0)251-799610
www.agenda-verlag.de | info@agenda-verlag.de

Druck & Bindung: TOTEM, Inowroclaw,/Polen

ISBN 978-3-89688-808-2

Inhalt

Das besondere Geschenk — 7

Die Geburt der Paradiesvögel — 11

Göttervögel aus dem Paradies — 89

Die Schönheit der Paradiesvögel — 101

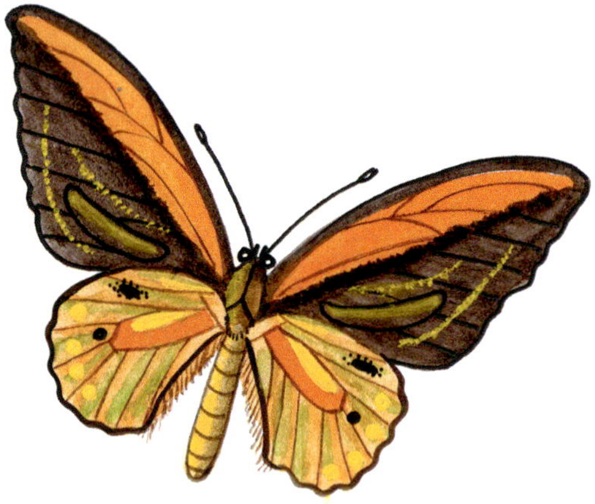

Das besondere Geschenk

15. August 1652: Der Abenteurer Caspar Schmalkalden, der seinen Dienst bei der Vereinigten Ostindischen Kompanie (VOC) in Ostindien beendet hat, geht auf der Insel Texel an Land. Vor ihm liegt die lange und beschwerliche Reise zurück in seine thüringische Heimat, in die herzogliche Residenzstadt Gotha. In seiner Seekiste befindet sich neben allerlei seltsamen Mitbringseln auch ein wertvolles Geschenk für den naturwissenschaftlich interessierten Herzog Ernst I., auch der Fromme genannt. Es ist der Balg eines kostbaren und zugleich farbenprächtigen Göttervogels mit einer ausladenden Federschleppe, der wissenschaftlich als Paradiesvogel bezeichnet wird. Wenige Tage später, nach seiner Ankunft in Gotha, begibt er sich zur Audienz beim Herzog auf das hoch über der Stadt gelegene Schloss Friedenstein.

Caspar Schmalkalden (1616-1673)

Caspar Schmalkalden

Schmalkalden wurde 1616 in Friedrichroda (Herzogtum Sachsen-Weimar) geboren. Er besuchte das Gymnasium in Braunschweig und studierte Feldmesskunst in Danzig und Astronomie in Groningen. Von 1642 bis 1652 diente er in der VOC als Soldat, Vermesser und Festungsbauer in West- und Ostindien. 1653 war Schmalkalden in der Herzoglichen Kunstkammer von Ernst I. als Kanzlist beschäftigt. Er verfasste über seinen Aufenthalt in Übersee die „West- u. Ost-Indian. Reisebeschreibung", die sich heute in der Forschungsbibliothek Gotha befindet. Im Jahre 1673 starb Schmalkalden in Gotha.

Audienz beim Herzog Ernst I.

Schmalkalden berichtet dem Herzog bildhaft und begeistert von seiner abenteuerlichen Reise nach West- und Ostindien. Am Ende seiner Schilderung übergibt er voller Stolz den mitgebrachten Balg des in Europa wenig bekannten Paradiesvogels. Der Herzog, hocherfreut über das exotische Geschenk, versichert Schmalkalden, den Paradiesvogel zunächst präparieren zu lassen und diesen dann als außergewöhnliches Ausstellungsobjekt in der neu geschaffenen Kunstkammer zu präsentieren. Den Paradiesvogelbalg hat Schmalkalden von Einheimischen aus Ostindien als Tauschobjekt erhalten. Dort dienen die farbenprächtigen Federn der männlichen Paradiesvögel vornehmlich als Kopf- und Körperschmuck der Männer und sind auch schmückender Bestandteil von mancherlei Zeremoniengewändern.

Damals waren die Bälge der Paradiesvögel in Neuguinea bei Hochzeiten auch Teil des Brautpreises, der vom Bräutigam entrichtet werden musste.

Über die Entstehung der Paradiesvögel existieren bei den Indigenen interessante Legenden und Erzählungen, die bei manchen Stämmen als Erziehungsgut von Generation zu Generation an die jugendlichen Mitglieder weitergegeben werden. Eine solche Erzählung handelt von der Geburt der Paradiesvögel, die der Autor aus Mythen und Legenden neu zusammengestellt und illustriert hat. Daher ist die Erzählung und der darin vorkommende indigene Völkerstamm der Marindos eine fiktive Schilderung.

Kopfschmuck aus Paradiesvogelfedern

Die Geburt der Paradiesvögel –
eine phantastische Erzählung

Von der Bedeutsamkeit der Erzählung

Bei dem Völkerstamm der Marindos, der in längst vergangenen Zeiten auf den Molukken lebte, wird das ideale Bild der umsichtigen und fleißigen Frau gepriesen. Diese soll strebsam und verträglich sein und sowohl im Haushalt als auch bei der Erziehung der Kinder ihr Bestes geben. Sie gilt als Vorbild für alle Mädchen und Frauen des Stammes und wird mithilfe einer Erzählung von Generation zu Generation weitergetragen. Ob eine solche Frau von Schönheit und Attraktivität gezeichnet ist, spielt bei den Marindos keine so bedeutende Rolle. Denn während Schönheit und Attraktivität rasch vergehen, sind die Tugenden der Frau doch beständig und bleiben ein Leben lang erhalten. Analogien dazu finden wir auch bei uns in Grimms Märchen von Frau Holle in Gestalt der beiden gegensätzlichen Erscheinungen von Gold- und Pechmarie. Das ideale Bild der tugendhaften Frau ist fester Bestandteil der Kultur des Stammes der Marindos.

Die Marindos sind in der Abgeschiedenheit der tiefen Bergregenwälder beheimatet und leben von der Jagd und vom Ackerbau. Einmal im Jahr versammelt der Stammeshäuptling Maro alle heiratsfähigen Mädchen und Jünglinge auf dem Versammlungsplatz des von Palmenhainen umgebenen Dorfes Aluku zu einem besonderen Ereignis. Es ist nämlich bei den Marindos Brauch, die Heranwachsenden mit Wettkämpfen und rituellen Tänzen auf das Leben innerhalb der Stammesgemeinschaft und in der Wildnis vorzubereiten. Zu diesem Brauch gehört auch, dass der Stammeshäuptling jedes Mal die Geschichte von der Geburt der Paradiesvögel erzählt.

13

Und so beginnt die Geschichte des alten, weisen Mannes…

Schon seit jeher lebten unsere Ahnen hier in diesem fruchtbaren Land. Sie waren wie wir fleißige und genügsame Menschen, die im friedlichen Miteinander aufgingen. Während die Männer oft tagelang zum Jagen auszogen, gingen die Frauen und Mädchen unseres Dorfes früh in der Morgendämmerung auf die umliegenden Felder, um zu pflanzen, zu jäten und zu ernten. Aber sie arbeiteten auch im nahegelegenen Sagosumpf, um aus dem Mark der Stämme von Sagopalmen ein schmackhaftes und kohlenhydratreiches Sagomehl herzustellen. Die Arbeit im Sagosumpf war für die Frauen besonders anstrengend.

Bevor sie das Mehl verarbeiteten, mussten sie das Mark mühsam mit der Hacke aus den aufgespaltenen Palmenstämmen herausschlagen.

15

Spät am Abend, als der erste Stern am Abendhimmel erschien, kehrten die Frauen und Mädchen mit vollen Körben bepackt von der Arbeit auf den Feldern und vom Sagosumpf nach Hause zurück, um für ihre Familien das Abendessen zu bereiten.

In einer der Familien gab es jedoch ein ziemlich faules Mädchen, welches sich stets vor der gemeinsamen Arbeit auf den Feldern drückte und erst abends zum Essen kam, wenn alle Arbeit erledigt war.

17

Es war die schöne Mandi, die sich lieber schminkte, mit Schmuck behängte und danach im Dorf ziellos umherspazierte.

Mandi strahlte zwar vor Schönheit, doch begehrte sie wegen ihrer Faulheit kein Mann zur Frau, obwohl mancher gern mit ihr zu einem „Schäferstündchen" in den nahegelegenen Palmenhain verschwunden wäre.

19

Die einzige Arbeit, die Mandi mit Sorgfalt verrichtete, war die Anfertigung von Schmuck. Darin besaß sie Talent und war zu einer geschickten Meisterin geworden. Mandi stellte den Schmuck jedoch nur für sich selbst her, um ihre Schönheit noch mehr zur Geltung zu bringen. Einmal wollte Dinda, ein nicht so sehr mit Schönheit bedachtes Mädchen aus dem Dorf, von Mandi Schmuck erwerben. Mandi war jedoch nicht bereit, ihren Schmuck zu teilen. Sie behielt ihn lieber für sich, um damit allein das allerschönste Mädchen im Dorf zu sein.

21

Um gesehen zu werden, schminkte sich Mandi jeden Morgen, legte ihren Schmuck an und bummelte durch das Dorf, um dort ihre Schönheit den noch verbliebenen Bewohnern zu präsentieren. Doch diese wandten sich immer mehr von Mandi ab, entsprach sie doch nicht dem Bild der idealen Marindo-Frau. Nur Diwahib, ein schüchterner Jüngling, blickte ihr sehnsuchtsvoll nach. Er war sich zwar der Faulheit der schönen Mandi bewusst, doch der Anblick ihrer wohlgeformten, rot strahlenden Lippen hatte ihn regelrecht verzaubert. Es war für Diwahib Liebe auf den ersten Blick. Voller Leidenschaft und Begehren schaute er tief in ihre dunkel funkelnden Augen, die Amethysten gleich ihrem lieblichen Gesicht schillernden Glanz verliehen. Vielleicht würde Mandi seine Liebe erwidern und sie den Wunsch verspüren, ihn zum Geliebten zu nehmen, so dachte Diwahib sehnsuchtsvoll. Dadurch könnte er sie auch auf dem Weg zu einer tugendhaften Frau führen, überlegte Diwahib weiter. Mandi ging jedoch langsamen Schrittes weiter, drehte sich flüchtig um und gewährte dem verliebten Diwahib noch ein bezauberndes Lächeln.

23

Als Mandi an der Bananenpflanzung am Dorfrand angelangte, überfiel sie vom Umherwandern eine bleierne Müdigkeit.

25

Sie wollte ein wenig ausruhen und fertigte sich aus übereinandergestapelten Bananenblättern ein weiches Ruhelager an.

27

Müde legte sich Mandi nieder und schlief geschwind auf dem Blätterlager ein.

29

Einige Männer des Dorfes, die gerade bei der Bananenernte waren, erblickten das friedlich schlafende Mädchen. Sie hatten vor, der faulen Mandi einen Streich zu spielen.

31

Die Männer legten die tief schlafende Mandi leise und behutsam auf eine Bahre und trugen sie zum Bananenspeicher, um sie dort einzusperren. Vielleicht ließ sich so die Faulheit der schönen Mandi kurieren, wenn sie im Verlies eingesperrt über ihr egoistisches Verhalten nachdenken würde, so folgerten die Männer.

33

Einige Zeit später verspürte Diwahib große Sehnsucht nach Mandi. Er hatte sich vorgenommen, ihr seine Liebe zu gestehen. Diwahib suchte die Geliebte überall im Dorf. Spät am Abend gelangte er zum Bananenhain und vernahm dort ein eindringliches Weinen. Als Diwahib der Stimme folgte, erblickte er die im Bananenspeicher am Rande des Hains gefangene Mandi.

35

Diwahib tröstete die bitterlich weinende Mandi und versprach ihr, in der kommenden Nacht mit Werkzeug wiederzukommen, um sie aus dem dunklen Verlies zu befreien. Dabei gestand er ihr, dass er sie unendlich liebte.

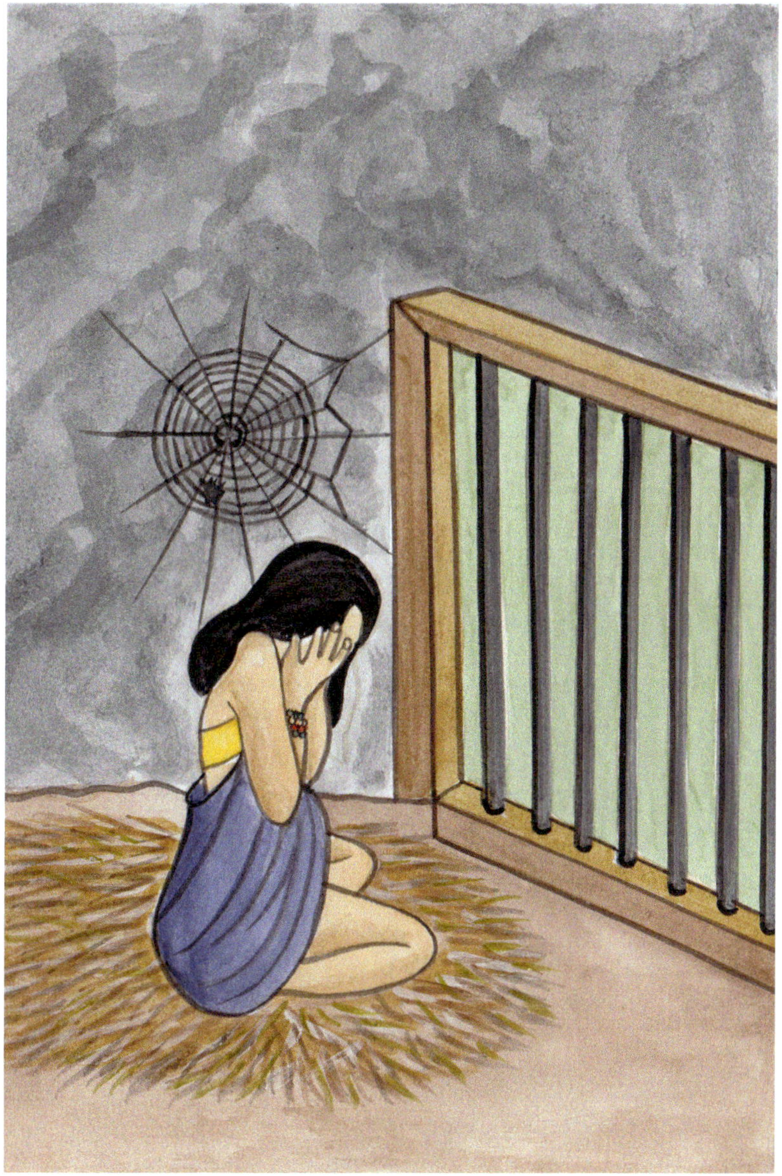

Diwahib zerstörte in der darauffolgenden Vollmondnacht das Schloss des Speichers und befreite Mandi.

39

Vor Freude über die gelungene Befreiung liefen die beiden sehnsuchtsvoll aufeinander zu und umarmten sich inniglich. Zwei junge Männer, die am Rand des Bananenhains wohnten, hatten den Befreiungslärm von Diwahib vernommen und waren der Lärmquelle gefolgt. Alsbald erblickten sie das umschlungene Paar. Sie wollten Diwahib und Mandi einen Streich spielen, um sie voneinander zu trennen.

41

Als die beiden Männer auf sie zurannten, flohen Mandi und Diwahib. Doch die Flucht war aussichtslos, denn die Männer waren schneller und kamen immer näher.

Dihawib blieb deshalb ein paar Schritte zurück und gab so Mandi einen Vorsprung, die schnell durch den Bananenhain entwischte. Diwahib wurde eingeholt und von den beiden Männern festgehalten.

43

Am Ende des Bananenhains kletterte Mandi geschwind auf den letzten Bananenstrauch. Da geschah ein Wunder. Ihr Kletterstrauch wuchs immer höher, rasant dem funkelnden Sternenhimmel entgegen.

45

Dieser Wunderstrauch wuchs so bis zum fernen Morgenstern hinauf. Als Mandi ihren Fuß auf den Himmelskörper gesetzt hatte, schrumpfte der Strauch wieder auf seine ursprüngliche Größe zurück. Für Mandi war damit der Rückweg auf die ihr vertraute Erde abgeschnitten.

47

Mandi schaute sich voller Neugier auf dem Himmelskörper um und entdeckte keinerlei Vegetation oder anderes Leben. Traurig und einsam legte sie sich in eine schützende Felsnische nieder und begann vor Angst und Ungewissheit schmerzlich zu weinen. Dabei verzehrte sie sich in Sehnsucht nach Nähe und Zweisamkeit mit Diwahib.

49

Diwahib hatte sich inzwischen aus den Fängen der Verfolger befreit und lief zu den Bananenstauden, zwischen denen Mandi verschwunden war. Er musste sie wiederfinden. Doch sein langes Suchen war erfolglos. Diwahib konnte Mandi nirgends entdecken. Mandi war spurlos verschwunden. Dihawib schaute, von Traurigkeit und Sehnsucht gezeichnet, zum leuchtenden Sternenhimmel hinauf. Er suchte nach einer Erklärung für die Unauffindbarkeit seiner Geliebten. Vielleicht hatten böse Geister Mandi entführt und sie auf den Morgenstern verbannt, so befürchtete Diwahib.

51

Inzwischen ging das Leben im Dorf weiter. Kaum jemand vermisste die faule Mandi. Nur Diwahib konnte ihr plötzliches Verschwinden nicht überwinden. Diwahib berichtete Mandis Angehörigen über seine Vermutung, dass Mandi zum Morgenstern verbannt war. Diese Angelegenheit sprach sich schnell im Dorf herum. Fortan galt der Morgenstern bei den Dorfbewohnern als Sinnbild und Symbol für die Faulheit der Mandi. Mandi war für sie seither als Morgenstern zu sehen.

Später, in der Abgeschiedenheit des Morgensterns, hatte Mandi über ihr bisheriges Leben nachgedacht. Über ihre Faulheit auf der Erde schämte sie sich jetzt. All die Zeit hatte sie nur an sich selbst und ihren Schmuck gedacht, doch nun vermisste sie ihr Zuhause, ihren Stamm. Auch hatte sie Sehnsucht nach Diwahib und fasste den Entschluss, sich fortan zu ändern. Mandi nahm daraufhin ihren Schmuck ab und schleuderte ihn in hohem Bogen von sich.

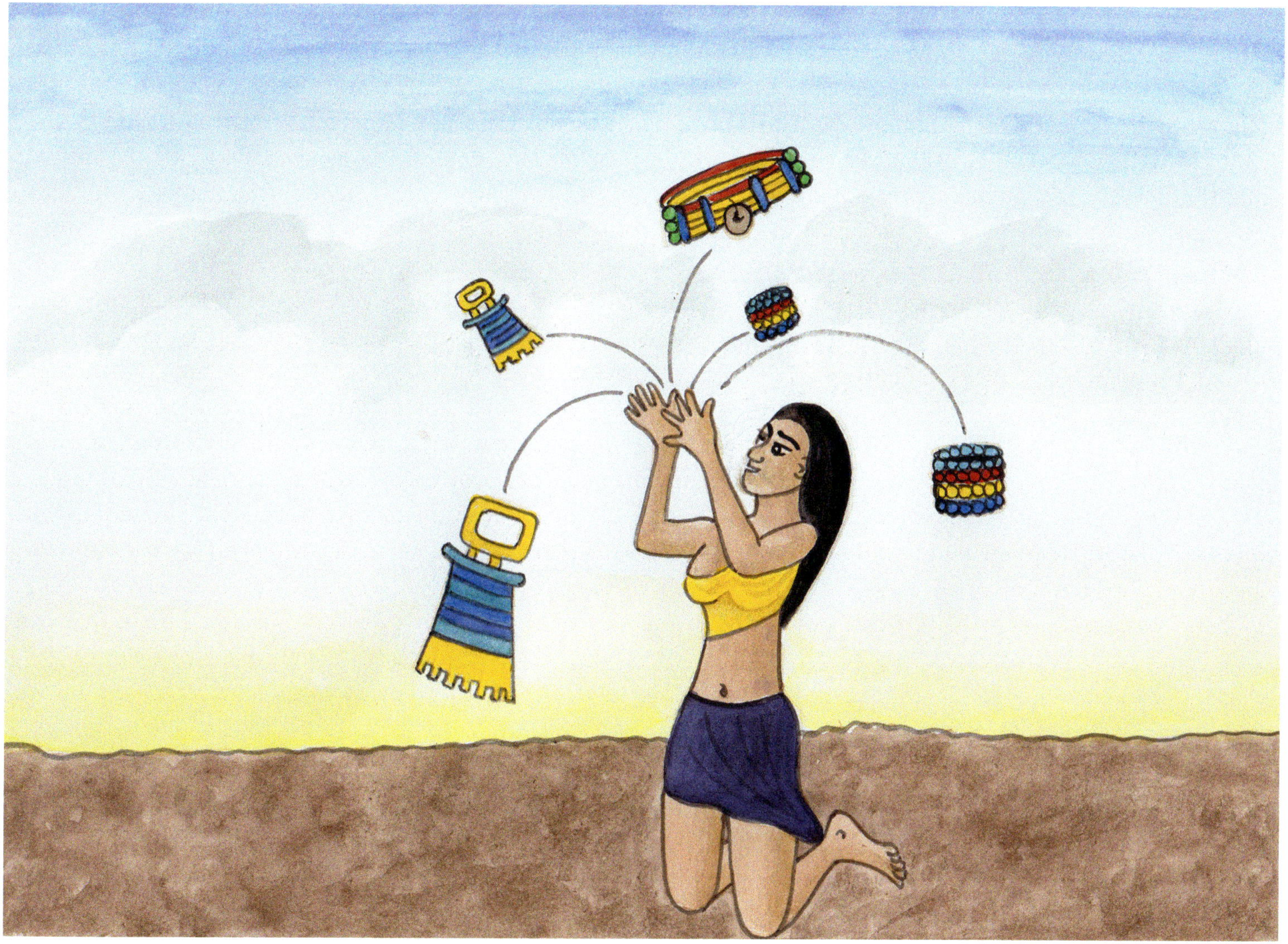

Bittere Tränen rannen ihre Wangen hinab. Als sie auf das Gold und Silber trafen, geschah etwas Magisches: Ihr gesamter Schmuck verwandelte sich in prächtig schillernde Paradiesvögel, die Kometen gleich mit ihren langen Federschweifen in den Nachthimmel flogen. Ein Paradiesvogel hatte eine Kehle so grün wie ein Smaragd, bei einem anderen funkelten die Augen wie Rubine. Es gab auch solche, deren Flügel rot wie Zimt schimmerten und jeweils andere hatten einen Schweif, der mit Federn aus purem Gold geschmückt war.

55

Die Paradiesvögel schwebten nun kreisend als lebende Juwelen in all ihrer betörenden Schönheit und Pracht am Sternenhimmel.

57

Sehnsuchtsvoll schaute Diwahib zum Morgenstern auf und hielt dabei Ausschau nach Mandi. Mandi blickte ebenfalls zur Erde und versuchte, Diwahib zu entdecken. Doch ihre Blicke trafen sich nicht. Von Trauer um Diwahib gezeichnet, flossen Mandi erneut die Tränen.

Sie verwandelten sich in prächtig glänzende Kristalle, die fortan im bunten Gefieder der Paradiesvögel schimmerten. Diwahib, fern auf der Erde, seufzte voller Mitgefühl: „Wie kann ich Mandi nur helfen?" Ihm wollte nichts einfallen.

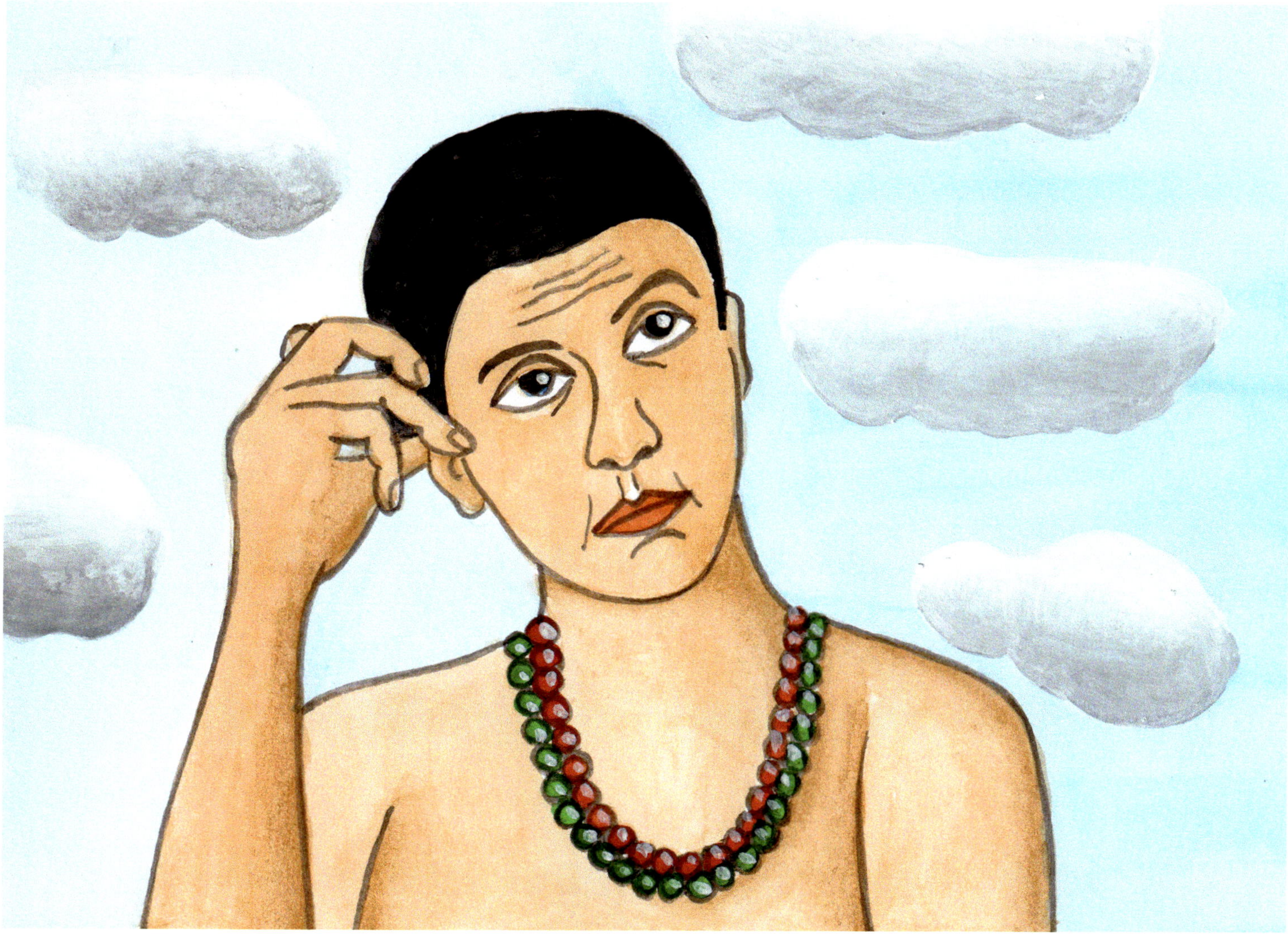

Diwahib bat, nach einem Ausweg suchend, den Medizinmann des Dorfes, Joluma, um Hilfe. Joluma wusste Rat und wies Diwahib an, zum König der Vögel ins Vogelgebirge zu gehen. Dort sollte er vom Vogelkönig Auskunft darüber zu erhalten, was zu tun sei, um Mandi wieder auf die Erde zurückzuholen. Diwahib machte sich sofort auf den langen und beschwerlichen Weg, getrieben von der schwierigen Aufgabe, Mandi zu retten.

61

Doch Diwahib hatte vor Eifer vergessen, Joluma nach dem Weg ins Vogelgebirge zu fragen. Unterwegs traf er auf einen prächtigen Kakadu, bei dem er sich nach dem Weg erkundigte. Glücklicherweise kannte der Kakadu den Pfad hinauf ins Vogelgebirge. Doch bevor der Kakadu die Route des mühselig zu erklimmenden Weges preisgab, musste Diwahib als Dank für diese wichtige Auskunft vorher noch eine schwierige Aufgabe lösen. Diese bestand darin, die gefangenen Kakadus aus den Käfigen des berüchtigten und gefährlichen Vogelfängers Combo zu befreien. Diwahib willigte ein, die Brüder und Schwestern des Kakadus von ihrer Gefangenschaft zu erlösen.

63

In der Abenddämmerung machte sich Diwahib auf den Weg zum Anwesen des Vogelfängers. Direkt neben dem Haus erblickte er den großen Käfig mit den gefangenen Kakadus. Der Vogelfänger war weit und breit nicht zu sehen. Da war die Befreiung der Vögel für Diwahib eine günstige Gelegenheit.

65

Diwahib brach sodann das Schloss des Vogelkäfigs auf und entließ die Kakadus in ihre ersehnte Freiheit.

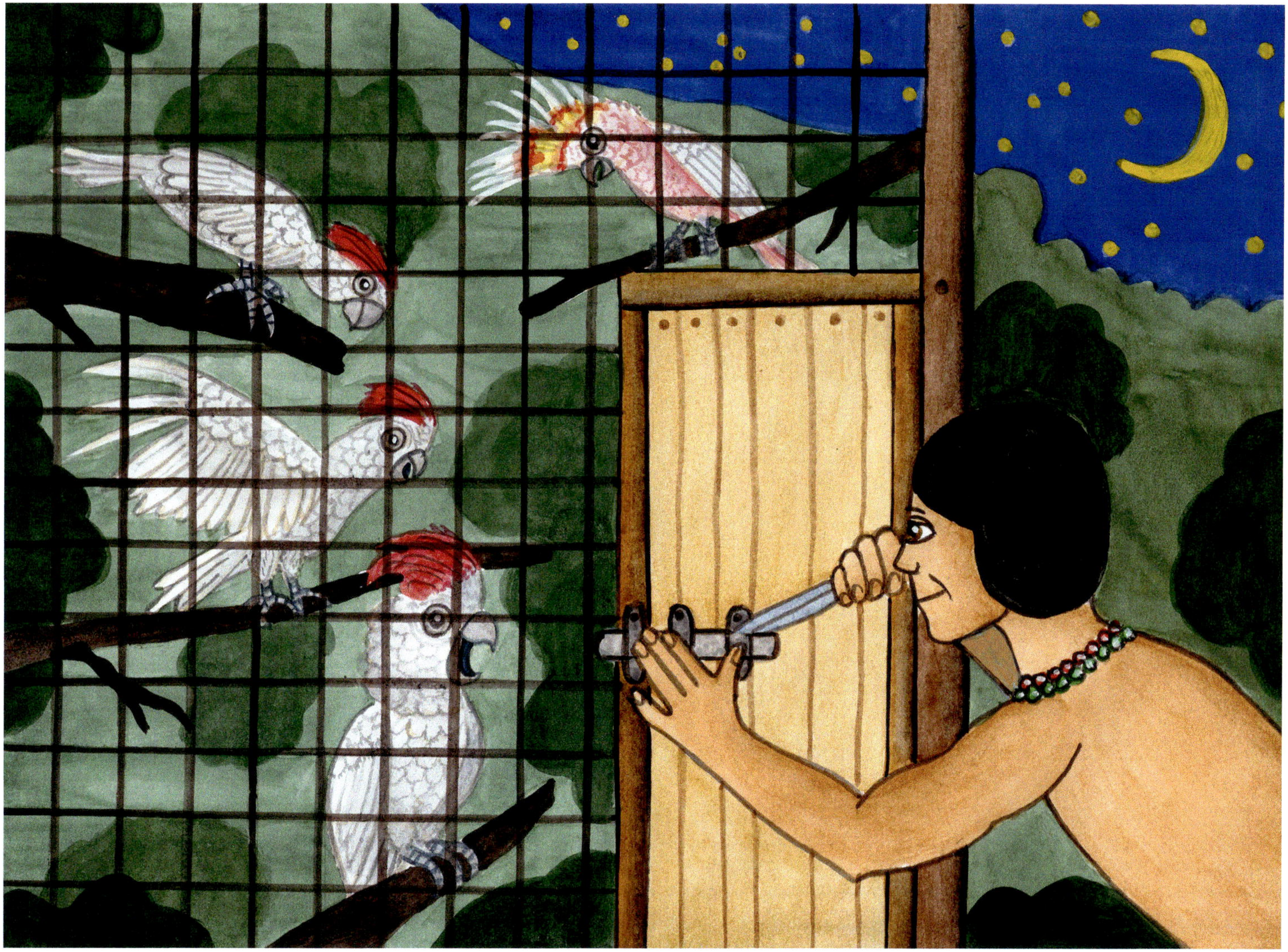

Diwahib war über seine gelungene Tat mit Stolz erfüllt. Eiligen Schrittes suchte er wieder den Kakadu auf und berichtete ihm von der gelungenen Befreiung der Vögel. Hocherfreut wies ihm der Kakadu daraufhin den kürzesten Weg durch das Vogelgebirge zum Königspalast, den Diwahib nun mühsam kletternd bewältigte.

69

Nach einigen Tagen des Aufstieges erreichte Diwahib das Schloss des Vogelkönigs. Da stand er auch schon frohen Mutes vor dem gefiederten Herrscher und schilderte ihm sein Anliegen. Der weise Vogelkönig wusste Rat. Mandi könnte nur erlöst werden, wenn sie fortan ihre Faulheit ablegen würde. Wenn sie dieses Gebot aus innerer Überzeugung beherzigte, täte sich ein wahres Wunder auf, welches sie aus ihrer misslichen Lage befreien würde. Diwahib bedankte sich beim Vogelkönig und stieg mit neugeschöpfter Hoffnung wieder das Vogelgebirge hinab. Auf dem Rückweg machte er sich Gedanken, wie die Erlösungsbotschaft Mandi erreichen könnte. Da fiel ihm wieder der Kakadu ein, der ihm sicherlich noch einmal hilfreich zur Seite stehen würde.

71

Diwahib berichtete nun dem Kakadu über das Gespräch mit dem Vogelkönig und bat ihn abermals zu helfen und seiner geliebten Mandi die Botschaft des Vogelkönigs zu überbringen. Der Kakadu willigte ein.

73

Diwahib schrieb daraufhin einen Brief mit der wichtigen Botschaft des Vogelkönigs an seine Liebste. Diwahib hoffte und wünschte sich sehr, dass Mandi erlöst werden würde.

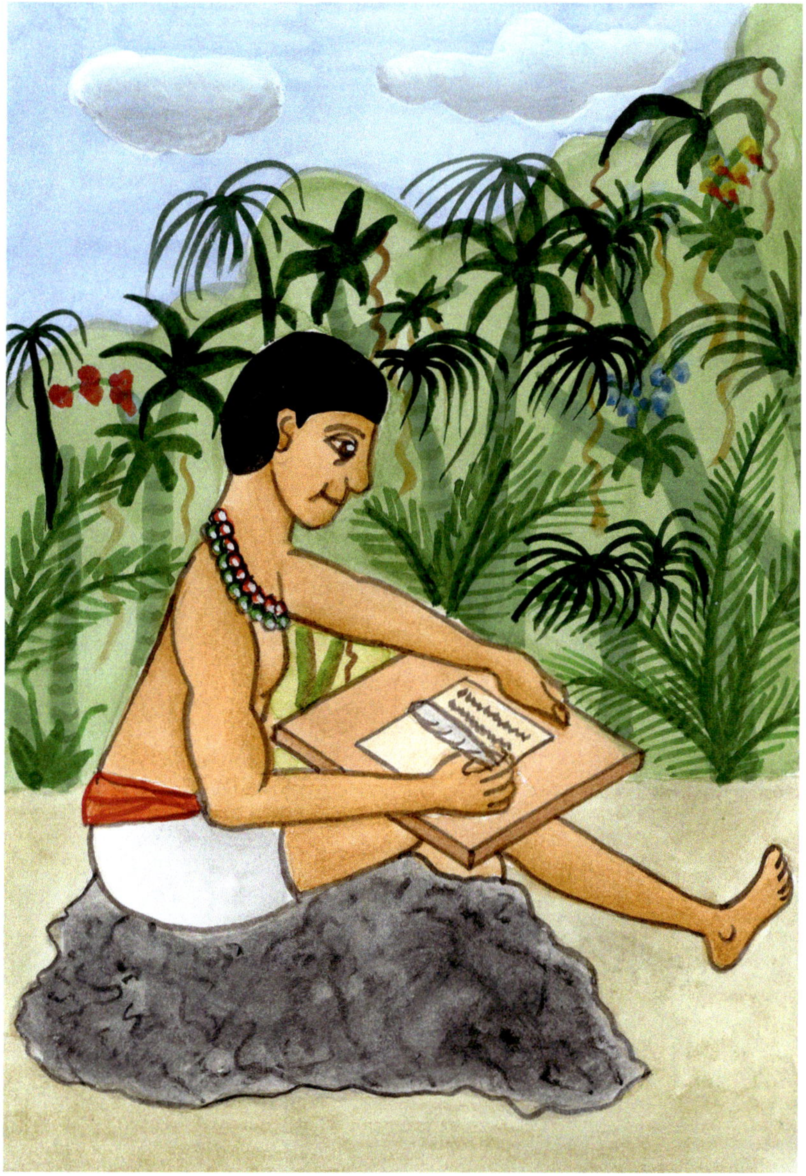

Der hilfsbereite Kakadu mit der Botschaft im Schnabel breitete sogleich seine Schwingen aus und machte sich auf zum fernen Morgenstern.

77

Mandi war hocherfreut über den Brief und hing an jedem einzelnen Wort. Vom Freudentaumel erfasst war ihr sofort klar, dass sie ihre Fehler bereits erkannt hatte. Sie benötigte den Rat des Vogelkönigs nicht mehr, war sie doch selbst zur Einsicht gelangt! Die Botschaft des Briefes war daher eine Bestätigung ihres aufrichtigen Ziels, künftig ihrem Stamm zu helfen und nicht mehr auf der faulen Haut zu liegen.

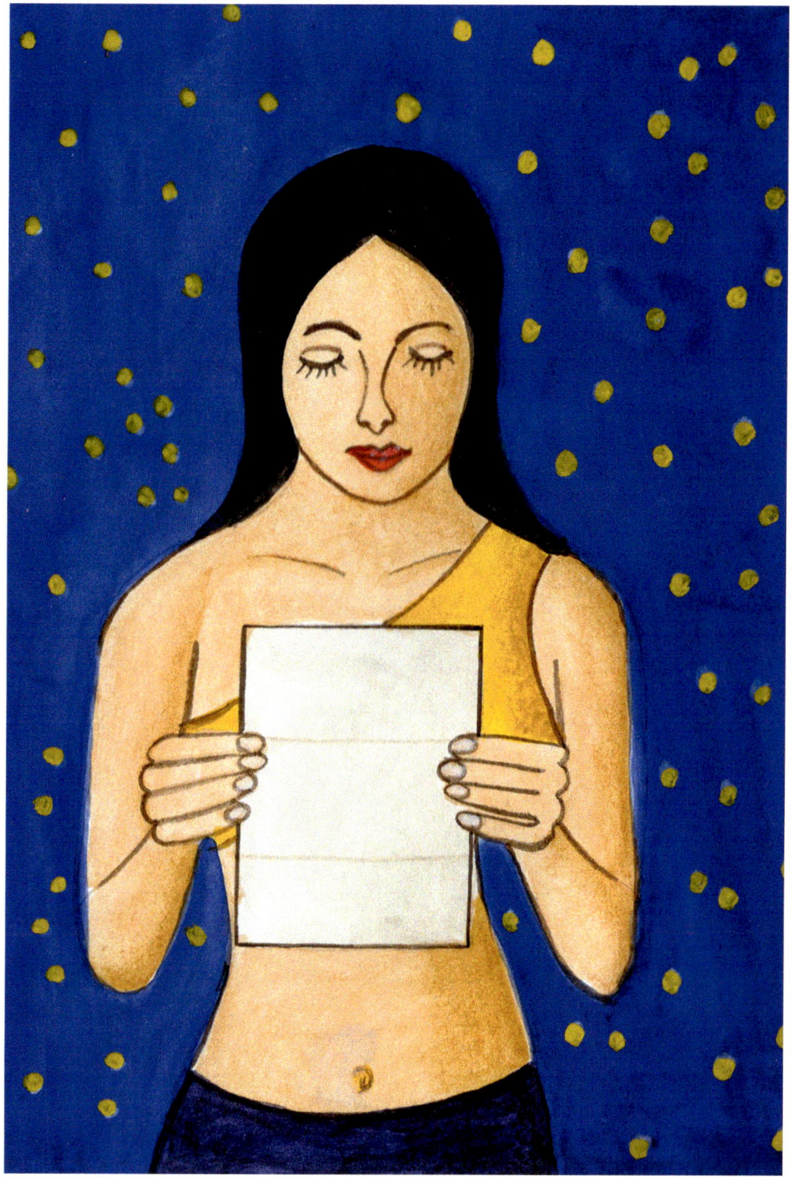

Mandi wurde durch die unerschütterliche und innige Liebe von Diwahib erlöst, der alles Erdenkliche unternahm, um ihr zu helfen. Freudig verabschiedete sich Mandi von den Paradiesvögeln und machte sich bereit zur Rückreise zum geliebten Diwahib.

81

In Dankbarkeit ihrer Entstehung aus dem Schmuck und der Reue Mandis, flogen die Paradiesvögel sie auf einer Schaukel zur Erde hinab. Dort wartete Diwahib schon sehnsüchtig auf Mandi.

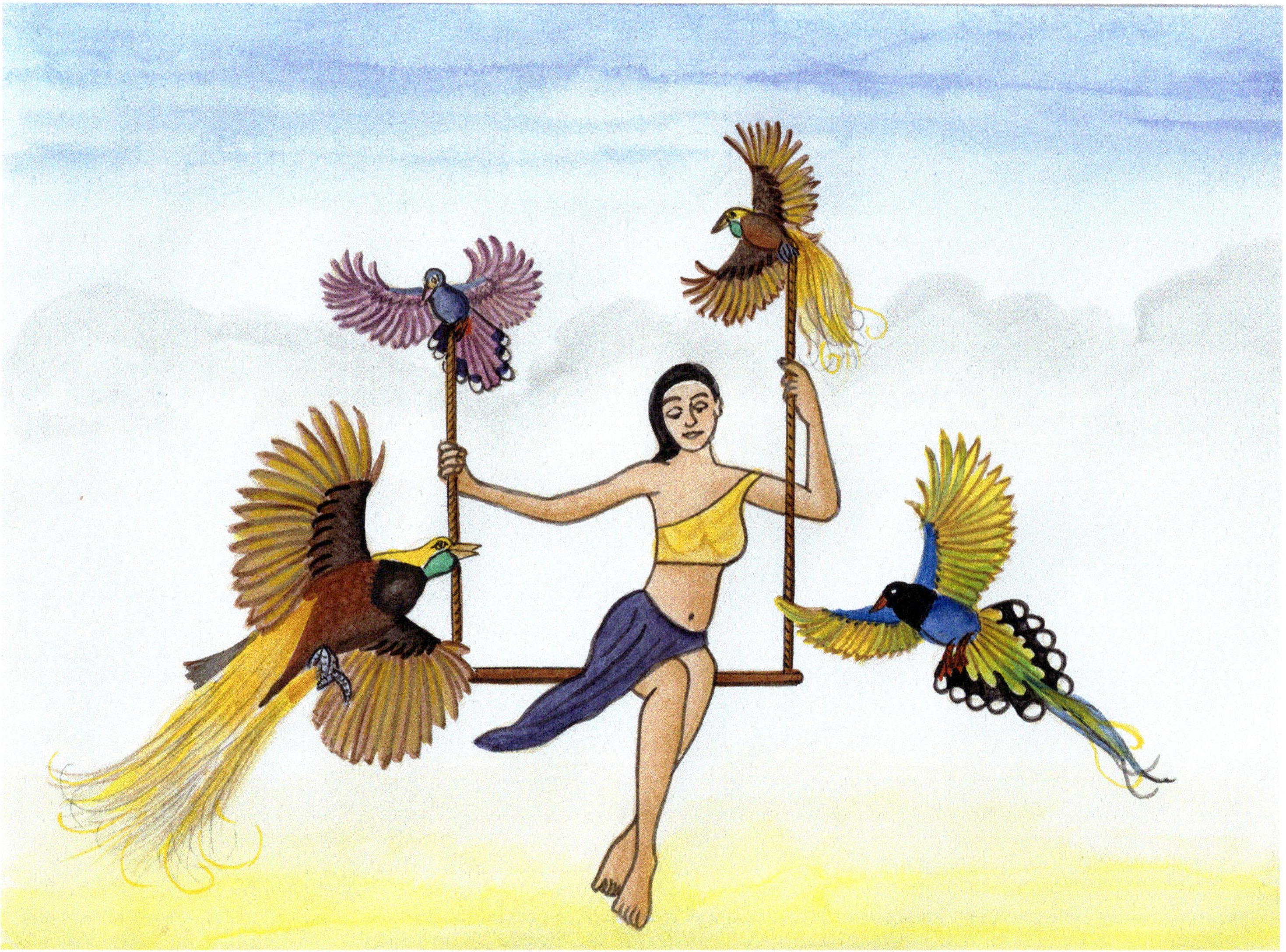

Als Mandi auf der Erde ankam, liefen die Verliebten aufeinander zu und herzten sich.

Mandi und Diwahib waren von nun an für immer vereint. Der Morgenstern, auf dem Mandi einige Zeit gelebt hatte, verblasste langsam. Mandi und Diwahib bauten sich im Dorf eine schöne, behagliche Hütte und führten gemeinsam mit ihren Kindern ein glückliches und zufriedenes Leben. Mandi wurde eine fleißige, sorgsame Frau. Sie war bis in ihr hohes Alter von betörender Schönheit und verfügte zudem über vorbildliche Tugenden, die ihr Anerkennung und Wertschätzung in der Dorfgemeinschaft sicherten.

85

Eines Tages fand Dinda ein wunderschönes, mit Edelsteinen besetztes Amulett in Form eines Paradiesvogels. Dieses stammte von Mandis Schmuck, den sie damals in den dunklen Nachthimmel geworfen hatte. Eines der Schmuckstücke hatte sich jedoch nicht in einen lebenden Paradiesvogel verwandelt, sondern war als Amulett in Paradiesvogelgestalt auf die Erde gefallen.

87

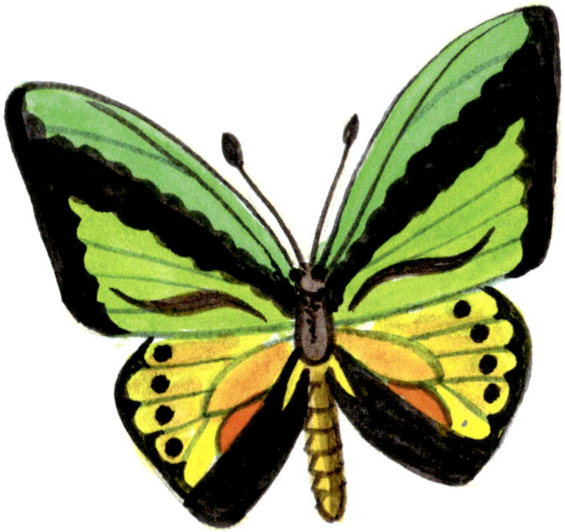

Göttervögel aus dem Paradies

Die Vögel der Götter

Seit jeher gelten die Paradiesvögel bei den Indigenen aus Neuguinea und von den Molukken als „Vögel der Götter". Nach Ansicht der Bewohner verfügen die Federn der farbenprächtigen Männchen über magische Eigenschaften. Daher werden sie von ihnen als Kopf- und Körperschmuck verwendet. Die Federn sind auch Bestandteil ihrer Kleidung, besonders der von Zeremoniengewändern. Daher sind sie auch ein wichtiges Handelsgut und Statussymbol. Die Paradiesvögel werden sogar noch in der heutigen Zeit von den Indigenen mit Pfeil und Bogen gejagt, um an die bunten Federn zu gelangen. In früheren Zeiten wurden über die prachtvollen Vögel allerlei wundersame Geschichten erzählt. Diese bekamen auch die ersten europäischen Eroberer zu hören, die im asiatischen Raum nach exotischen Gewürzen suchten. Bei der Begegnung mit den Einheimischen wurden die Seefahrer nicht selten mit Bälgen von Paradiesvögeln beschenkt oder tauschten solche gegen begehrte Handelswaren ein. Dabei erzählte man ihnen, dass die Vögel aus dem Paradies kämen und man sie „Göttervögel" nannte. Diese Tatsache führte dazu, dass diese Vögel später als „Paradiesvögel" bezeichnet wurden. Die von den Einheimischen übergebenen Vögel hatten keine Füße. Sie wurden von ihnen entfernt, um die prächtigen Federn besonders gut zur Geltung kommen lassen. Die ersten Europäer hörten Außergewöhnliches über diese seltsamen Vögel. Die Vögel würden wie Edelsteine durch das himmlische Paradies schweben, ohne jemals den Boden zu berühren. Sie ernährten sich von Tau in der Luft und verbrächten ihr ganzes Leben im Luftraum.

Eines der heimgekehrten Schiffe der Flotte des portugiesischen Seefahrers Ferdinand Magellan (1480-1421) brachte im Jahre 1522 von der ersten Weltumseglung neben einer großen Ladung Gewürze auch einige farbenprächtige, fußlose Paradiesvogelbälge von der Molukkeninsel Batjan als Geschenk für den spanischen König Carlos I., später Karl V., mit. Die fußlosen Vögel erregten dort großes Aufsehen und gaben Anlass zu allerlei Spekulationen bei den Gelehrten. Von den Vögeln wurden im Laufe der Zeit phantasievolle Beschreibungen angefertigt, die sich überall in Europa verteilten. Dabei stellte man die Paradiesvogelbälge stets ohne Füße dar.

Fußloser Paradiesvogel

So ist es auch in dem im Jahr 1555 erschienenen Vogelbuch des Schweizer Naturforschers Conrad Gessner (1516-1565). In diesem Buch berichtet er, dass die Paradiesvogelmännchen auf dem Rücken eine Grube besäßen, in der das Weibchen während des Fluges ein Ei legt und es dort auch ausbrütet. Auch über die Funktion der beiden Fadenfedern des Männchens fand Gessner eine Erklärung. Diese würden dem Sichern des Weibchens auf dem Rücken dienen, damit es während des Fluges nicht samt Ei herabfällt. Andere Naturforscher begründeten das ausladende Gefieder der Männchen damit, dass es die Vögel im dichten Geäst des Regenwaldes beim Fliegen hindern würde und sie deshalb nur für das Leben in der freien Luft geschaffen wären.

Brüten während des Fluges

Diese Beschreibungen wurden lange Zeit akzeptiert, weil niemand von den Gelehrten je einen Paradiesvogel fliegen gesehen hatte.

Sogar der bedeutende schwedische Arzt und Naturforscher Carl von Linné (1707-1778) war von der Geschichte über die Paradiesvögel derart begeistert, dass er diese in sein natürliches System der Tiere und Pflanzen als neue Art mit der Bezeichnung *Paradisea apoda*, Fußloser Paradiesvogel, eingliederte.

Erste wissenschaftliche Beschreibungen

Anfang des 17. Jahrhunderts brachten auch holländische Seefahrer aus Ostindien fußlose Göttervogelbälge nach Europa. Doch der vorn genannte Abenteurer Caspar Schmalkalden, der seinen Dienst 1652 in der VOC in Ostindien beendete, hatte einen Paradiesvogelbalg mit Füßen als Geschenk für seinen Landesherren Herzog Ernst I. in seinem Gepäck.

Infobox: VOC- *Vereenigde Oostindische Compagnie*/**Niederländische Ostindien Kompanie**

Sie war ein Zusammenschluss von niederländischen Kaufmannskompanien, die 1602 gegründet wurde und ihren Hauptsitz in Amsterdam hatte. Die Kompanie erhielt vom niederländischen Staat Handelsmonopole und Hoheitsrechte, um Land zu erwerben, Kriege zu führen und in den überseeischen Ländern zur Machterhaltung Festungen zu bauen. Die Kompanie besaß die Kontrolle der Gewürzroute von Europa über das Kap der Guten Hoffnung bis zu den Inseln der Molukken, die sich im heutigen Indonesien befinden.

In seinem 1699 veröffentlichten Reisetagebuch beschrieb und zeichnete Schmalkalden zwar diesen vollständigen Paradiesvogel, doch damals verbreiteten sich wissenschaftliche Erkenntnisse aufgrund geringfügiger Auflagenhöhen solcher Bücher, wenn überhaupt, nur sehr langsam.

In Schmalkaldens Reisetagebuch ist zu lesen:

„*Die Paradiesvögel werden in den Moluccis Eilanden tot gefunden und hierher zu Lande gebracht. Die Indianen, so dieselben finden, nehmen das Eingeweide heraus und lassen sie hernach an der Sonnen ausdörren, damit sie nicht stinkend werden. Und weil etliche indianische Könige solche Paradiesvögel zum Zierat als Plümagien auf ihren Tullpanten oder Bünden zu tragen pflegen, schneiden etliche Indianen ihnen die Beine oder Füße ganz ab, weil sie ziemlich groß und auf den Tullpanten mit zu tragen häßlich stehen. Daher denn, wenn dieselben hernachmals hierhergebracht worden, der Wahn aufgekommen, als wenn sie apodes wären und keine Beine hätten. Nunmehr aber, weil sowohl in Indien auch hierzulande alsobalden von den Liebhabern nach den Beinen gesehen und gefragt wird, lassen sie dieselben daran. Wie ich denn selber dergleichen einen mit Beinen hergebracht habe, so itzo in der fürstlichen Kunstkammer auf dem fürstlichen Hause Friedenstein beigeleget ist*".

Und die Beschreibung des Vogels wird so ausgeführt: „*Die Gestalt und Proportion des Paradiesvogels belangend, so hat er ein klein Köpflein und einen Schnabel wie einen Taubenschnabel. An dem Halse hat er schöne grüne, vergüldete Federn. Seine Flügel sind kastanienbraun, unten am Bauch und nach dem Schwanz zu schön goldgehl, ziehen sich etwas nach der Color, so man Isabelle nennt. Der Schwanz ist von schönen klaren Federn so wie Straußenfedern und nicht aneinanderkleben und vergleicht sich fast mit Rehfarbe, doch also, daß eine Farbe von der anderen sehr löblich absticht. Auf beiden Seiten hat er zwei dünne Drähte, an Farbe kastanienbraun, so noch einmal so lang als der Schwanz sind, und jeder ist auf einer Seite scharf und wachsen oben auf dem Rücken nebeneinander wie andere Federkiele*" (JOOST, S.118).

Anhand der von Schmalkalden beschriebenen Merkmale, können wir hier auf den Großen Paradiesvogel *Paradisaea apoda* schließen.

König der Paradiesvögel von Schmalkalden gezeichnet

In seinem reich bebilderten Reisebericht dagegen, ist der Königsparadiesvogel *Cicinnurus regius* abgebildet. Die Farben und das Muster des Brustgefieders weisen jedoch abweichende Merkmale des Königsparadiesvogels auf. Das männliche Brustgefieder dieser Paradiesvogelart ist nicht wie in Schmalkaldens Zeichnung dargestellt in gelber Färbung, sondern ebenfalls wie das Kopfgefieder in einem roten Farbton, der zum weißen Gefieder des Bauches durch einen grünen Streifen getrennt ist. Sicherlich hat Schmalkalden hier fälschlicherweise das gelbe Brustgefieder der Weibchen eingezeichnet.

Schmalkaldens Verdienst besteht darin, dass er damals der erste war, der mit einem, wenn auch noch nicht ausgereiften, wissenschaftlichen Blick die Paradiesvögel untersuchte und darstellte. Durch ihn konnten neue Erkenntnisse über die Paradiesvögel gewonnen werden.

Doch die vorher genannten phantasievollen Beschreibungsinhalte der fußlosen Paradiesvögel änderten sich erst, als Naturforscher hinauszogen und die Vögel in ihrem unmittelbaren Lebensraum beobachteten. Einer von ihnen war der französische Arzt und Naturforscher René Lesson (1794-1849). Er war 1824 in Neuguinea unterwegs und beobachtete dort einige Paradiesvögel im Hochlandregenwald. Damals berichtete er anschaulich und beeindruckt über das Erlebnis: „Der Vogel war wie ein Meteor. Während sein Körper vorbeiflog, schien er eine Spur aus Licht hinter sich zu ziehen".

Erst der englische Naturforscher Alfred Russel Wallace (1823-1913), der übrigens ein Weggefährte Charles Darwins war und dessen Evolutionstheorie unterstützte und durch viele Beispiele belegte, fertigte die erste wissenschaftlich Ausarbeitung über Paradiesvögel an. Während seiner von 1854 bis 1862 dauernden Forschungsreise durch die Inselwelt des Malayischen Archipels entdeckte er unter anderem auf den Molukkeninseln Halamahera und Batjan einen grünschimmernden Paradiesvogel, der später ihm zu Ehren als Wallace-Paradiesvogel *Semioptera wallacei* bezeichnet wurde.

Der Wallace-Paradiesvogel Semioptera wallacei

Alfred Russel Wallace und sein Werk

In seinem zweibändigen, im Jahre 1868 erschienenen Werk „Der Malayische Archipel" beschreibt Wallace die Paradiesvögel ausführlich:

„Da viele meiner Reisen zu dem speziellen Zwecke unternommen worden waren, um Exemplare von Paradiesvögeln zu bekommen und etwas über ihre Gewohnheiten und ihre Verbreitung zu erfahren, und da ich (soweit mir bekannt ist) der einzige Engländer bin, der diese wundervollen Vögel in ihren Heimatwäldern gesehen und viele derselben erhalten hat, so beabsichtige ich, hier im Zusammenhange das Resultat meiner Beobachtungen und Untersuchungen zu geben". Dabei entdeckte er, dass *„diese prächtigen Zierden grundsätzlich auf das männliche Geschlecht beschränkt sind, während das Weibchen nur ein sehr einfacher und gewöhnlich aussehender Vogel von einförmiger, kaffeebrauner Farbe, welche nie wechselt, ist"* (WALLACE, S. 416-417). Über die Federschleppe der männlichen Paradiesvögel macht Wallace folgende Ausführungen: *„Von jeder Seite des Körpers unter den Schwingen geht ein dichtes, oft zwei Fuß langes Büschel langer, zarter Federn von der intensivsten goldgüldenen Farbe aus, das sehr glänzt, gegen die Spitze hin aber in ein Blaßbraun übergeht. Dieser Federbusch kann willkürlich aufgerichtet und ausgebreitet werden, sodass er fast den Körper des Vogels verbirgt"* (WALLACE, S.419).

In der nachfolgenden Zeit wurden die Paradiesvögel gründlich weitererforscht. Heute zählt man über vierzig Arten von Paradiesvögeln. Diese bilden die Familie der Paradiesvögel *Paradisaeidae* und gehören der Ordnung der Sperlingsvögel *Passeriformes* an. Diese star- bis krähengroßen Vögel leben auf Neuguinea und den dort angrenzenden Inseln sowie auf einigen Inseln der Molukken und in den nördlichen Regenwäldern von Australien. Ihre Körperlänge beträgt bis etwa 45 Zentimeter. Rechnet man die Federschleppe mit den langen Fadenfedern der männlichen Paradiesvögel hinzu, kommt man auf eine Körperlänge von mehr als einen Meter. Das Gefieder der männlichen Paradiesvögel ist von außergewöhnlicher Schönheit und besitzt eine wundervolle Farbenpracht.

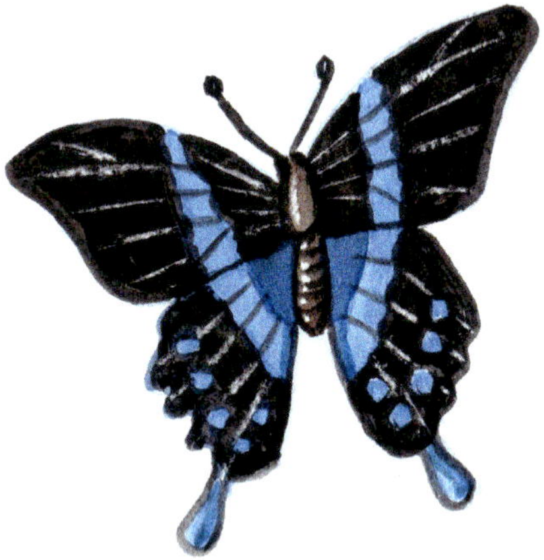

Die Schönheit der Paradiesvögel

Das Federkleid der Paradiesvögel

Die Federn dieser Vögel schillern in den brillantesten Farben. Sie wärmen, schützen und schmücken ihre Träger. Sie ermöglichen natürlich auch, worum der Mensch die Vögel von jeher beneidet hat – die Eroberung des Luftraumes durch das Fliegen. Da auch Vögel den Gesetzen der Schwerkraft unterlegen sind, ist jedes zusätzliche Gewicht für den Flug hinderlich. Die biologische Evolution hat den Vogelkörper daher in Leichtbauweise „konstruiert". Diese Tatsache lässt sich im Knochenbau, in den verzweigten Luftsäcken und im massesparenden „Baumaterial" des Federkleides erkennen. Selbst jede einzelne Feder des Federkleides ist ein phantastisches Gebilde des Leichtbaues. Federn sind Hautgebilde, die im Wesentlichen aus toten, verhornten Zellen der Oberhaut bestehen. In ihnen befindet sich Keratin, der Grundbaustein der Feder. Es ist ein Protein, umgangssprachlich Eiweiß genannt, aus dem auch unsere Haare und Nägel bestehen. Das Protein ist außerdem in der Außenschicht der Hufe von Huftieren, wie beispielsweise in denen von Pferden, Rindern, Kamelen, Schweinen und Rehen zu finden. Das Federkleid der Paradiesvögel besteht aus verschiedenartigen Federn.

Eine Feder besteht im Wesentlichen aus Federfahne und Federkiel. Mit einer Lupe ist auch ihr Feinaufbau zu erkennen. Die langen dünnen Schmuckfedern der Paradiesvogelmännchen sind besonders interessant. Sie haben sich im Laufe der Evolution aus einigen Deckfedern entwickelt. Da sie dünnen Drähten oder Fäden gleichen, werden sie als Fadenfedern bezeichnet.

Die Federn sind wahre Meisterwerke der Natur. Wenn man die Federfahne an einer beliebigen Stelle aufreißt, so ist es möglich, diese durch Streichen zur Spitze hin wieder zusammenzufügen. Die Federstrahlen lassen sich nämlich beliebig nach dem Reißverschlussprinzip öffnen und schließen. Das ist eine notwendige Funktion beim Fliegen, um verschiedene Flugmanöver sicher auszuführen. So könnten beispielsweise beim Sturzflug und dem darauffolgenden plötzlichen Abbremsen Federn brechen, wodurch die Flugfähigkeit beeinträchtigt wäre. Aber das geschieht nicht, stattdessen lösen sich nur die winzigen Häkchen, die auf den Hakenstrahlen sitzen. Sie funktionieren wie eine Sollbruchstelle. Nach solchen gewagten Flugmanövern bringen die Vögel mit ihrem Schnabel die Federn durch Glätten wieder in die richtige Lage – der „Reißverschluss" wird so wieder geschlossen. Geöffnete Häkchen kann der Vogel also wieder durch Putzen schließen.

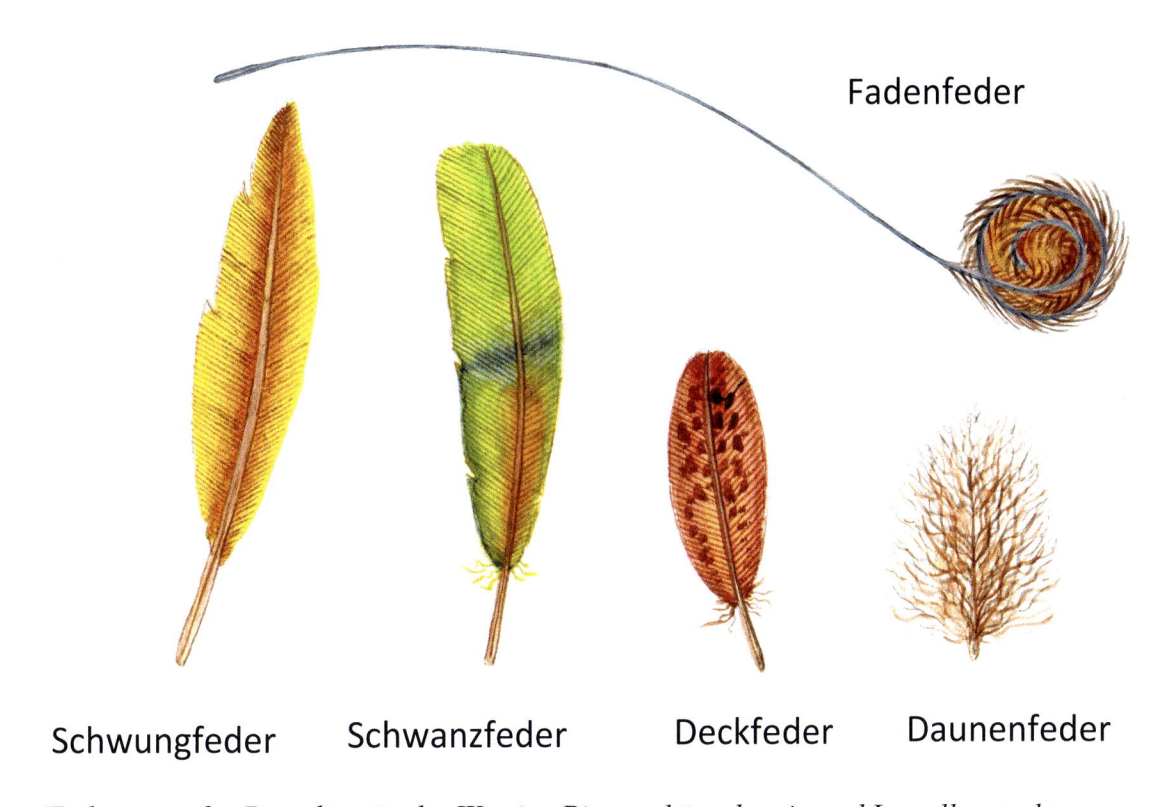

Fadenfeder

Schwungfeder Schwanzfeder Deckfeder Daunenfeder

Federtypen der Paradiesvögel – Winzige Pigmentkörnchen in und Lamellenstrukturen auf den Federstrahlen erzeugen die Farben

Diesen Effekt kann man auch selbst durchführen, wenn eine zerzauste Feder sanft durch die Finger gezogen wird.

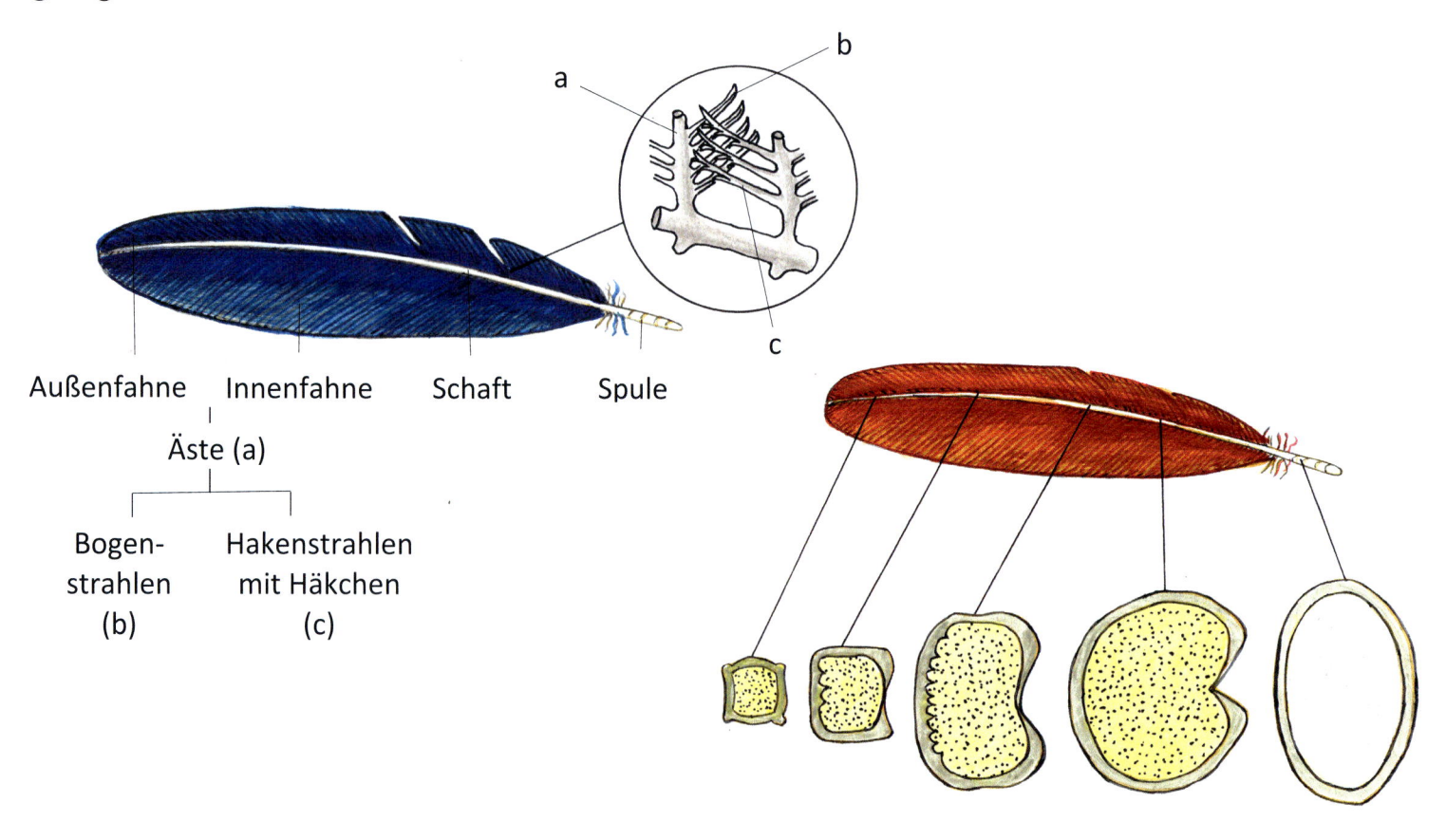

Außenfahne Innenfahne Schaft Spule

Äste (a)

Bogenstrahlen (b) Hakenstrahlen mit Häkchen (c)

Querschnitte einer Feder über die Länge des Kiels

Federaufbau

Die Farben des Gefieders

Vögel, die in bunten Farben schillern, bezeichnen wir als schön. Diese Tatsache gilt ganz besonders für die „fliegenden Schmuckstücke" – die Paradiesvögel.

Da wir lebende Paradiesvögel wohl kaum oder gar nicht zu Gesicht bekommen, Ausnahmen sind vielleicht nur durch Exkursionen in ihr Verbreitungsgebiet möglich, so sind wir auch schon von deren wundervollen Abbildungen begeistert. Diese prunkhaft schönen, auffälligen Vögel mit ihrem Prachtgefieder haben ein besonders buntes Aussehen.
Das gilt jedoch nur, von Ausnahmen abgesehen, für die Männchen dieser Vogelfamilie. Das Gefieder der Weibchen ist eher mit unscheinbaren Brauntönen gefärbt.

Diese Unterschiede in der Farbgebung von Männchen und Weibchen stehen in Beziehung zu ihrem Werbungs- und Paarungsverhalten. Biologen bezeichnen diese Verschiedenheit im Erscheinungsbild der beiden Geschlechter als Sexualdimorphismus.

Aber wie entstehen die Farben im Prachtgefieder der männlichen Paradiesvögel? Die Färbung des Gefieders beruht einerseits auf Pigmenten, die während ihres Wachstums in die Federn eingebettet sind und die man daher Pigmentfarben nennt. Sie absorbieren („verschlucken") ganz bestimmte Wellenlängen des auf sie fallenden Lichtes. Absorbiert beispielsweise ein Pigment die blauen und grünen Anteile des Lichtspektrums, bleiben die roten übrig und werden reflektiert. Für den Betrachter zeigt sich daher der Farbstoff rot.

Anderseits treten auch schillernde Farben auf, die vom Winkel des einfallenden Lichtes und vom Blickwinkel bestimmt werden. Sie entstehen durch die Struktur der Federoberfläche, die durch den Feinbau der Keratinmasse bestimmt wird. Solche Farben werden dagegen als Strukturfarben bezeichnet. Es gibt aber auch die Kombination dieser beiden Farberscheinungen. Hierbei haben die Federn sowohl Pigmente als auch feinste Oberflächenstrukturen. So entsteht beispielsweise der grüne Farbton oft durch Kombination von Pigmentfarben mit Strukturfarben. Strukturfarben entstehen durch Interferenz, was vereinfacht als Lichtbrechung und Reflexion an extrem dünnen und daher feinen Oberflächenstrukturen bezeichnet wird.

Infobox: Physik der Farben

„Farbloses" Tageslicht setzt sich aus Lichtwellen verschiedener Farben zusammen. Fällt dieses Licht durch ein Prisma, so entsteht durch Lichtbrechung hinter diesem ein prächtiges Farbband, welches an einen Regenbogen erinnert. Dieses Farbband wird Spektrum und die darin enthaltenen Farben werden Spektralfarben genannt. Es besteht aus Rot, Orange, Gelb, Grün, Blau, Indigo und Violett. Diese Spektralfarben umfassen den gesamten Bereich des sichtbaren Lichtes.

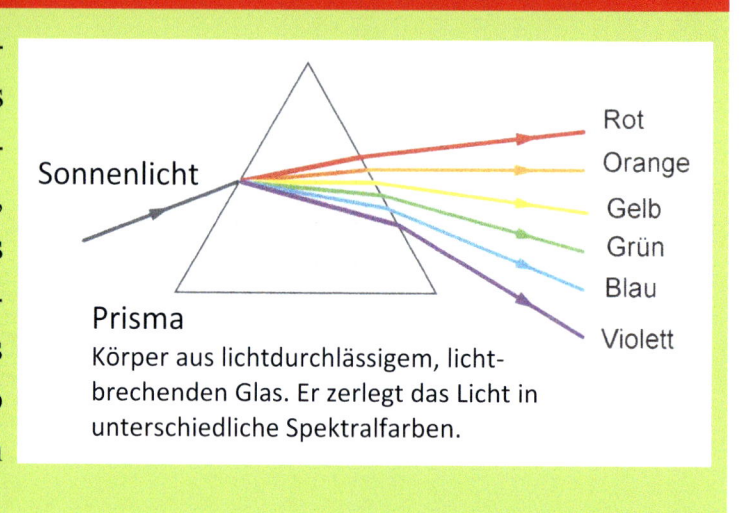

Prisma
Körper aus lichtdurchlässigem, lichtbrechenden Glas. Er zerlegt das Licht in unterschiedliche Spektralfarben.

Trifft ein Lichtstrahl auf diese Anordnung und wird dabei nicht vollständig auf der Oberfläche reflektiert, dringt ein Teil des Lichtes tiefer in das Material ein. So reflektiert jede Schicht einen Teil des Lichtes. Diese Lichtteile aus den einzelnen Schichten überlagern sich zu einem reflektierenden Lichtstrahl. Diese Erscheinung nennt man dann Interferenz. Strukturfarben gehören daher nicht zu den echten Farben.

Bei den Strukturfarben erzeugt also nicht das Material selbst den Farbton, sondern er entsteht vielmehr durch dessen Anordnung im Zusammenspiel mit dem einfallenden Licht.

Da nun ein Lichtstrahl im Grunde genommen alle Farben enthält, werden durch die Reflexion an den

Schichten Farben entweder unterdrückt oder verstärkt. Welche Farbe dabei unser Auge wahrnimmt, wird daher stets durch den Schichtaufbau der Oberfläche bestimmt. Wenn man den Betrachtungswinkel zu solchen Oberflächen verändert, entstehen ganz besondere Farbeffekte.

Betrachtungswinkel α

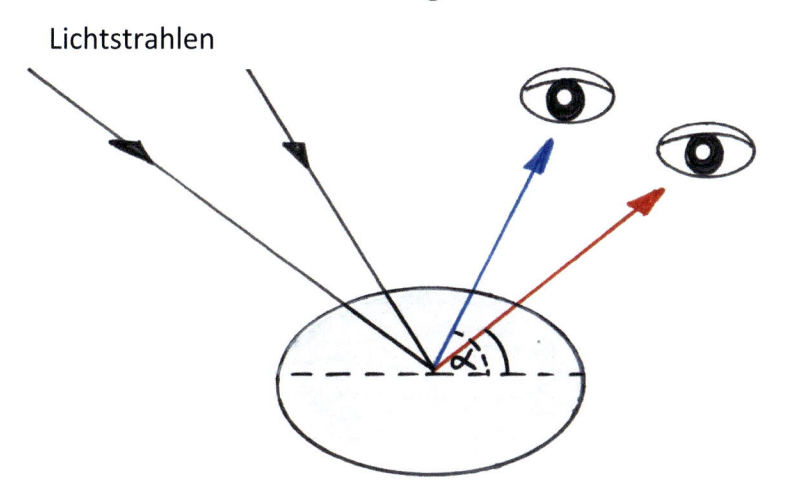

Lichtstrahlen

Prinzip der Lichtbrechung an dünnen Schichten
Durch die unterschiedliche Wegstrecke des Lichtstrahls in den einzelnen Schichten entstehen durch Reflexion verschiedene Farben.

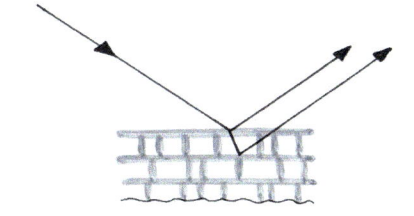

Betrachtungswinkel und Lichtbrechung

Solch schillernde Farbeffekte hat jeder sicherlich schon einmal auf einer Seifenhaut, einem Ölfilm oder auf Libellen- und Schmetterlingsflügeln gesehen.

Ihre Oberflächenstruktur lässt auch ganz schwach schillernde blaue, türkisfarbene und grünliche Lichtanteile reflektieren.

Blauparadiesvogel Paradisaea rudolphi

Die knallbunten und auffallenden Farben der Paradiesvogelmännchen dienen der Anlockung der Weibchen. Aber damit nicht genug – die Männchen verfügen noch über weitere, andere Lockmittel, wie lange, extravagante Federschleppen, die unter ihren kleinen Flügeln hervortreten. Selbst ihre Schwanzfedern sind noch durch zusätzliche, drahtige Fadenfedern verziert, die beträchtliche Längen aufweisen können.

„Damenwahl" bei den Paradiesvögeln

Beim Brautwerbetanz entfalten die männlichen Paradiesvögel ihr prächtiges Gefieder wie die schöne Blüte einer Blume. Kurz darauf vibrieren die wundervollen Flankenfedern wie schillernde Farbfontänen, um in diesem Schönheitswettbewerb das Herz eines der zuschauenden Weibchen zu erobern. Bei günstigem Lichteinfall auf das Federkleid der Männchen werden die Tanzbewegungen noch viel deutlicher hervorgehoben. Das einfallende Licht wird in solchen Augenblicken nur in einer einzigen Richtung reflektiert und ruft das Schillern hervor.

Bei den Paradiesvögeln herrscht Damenwahl. Das bedeutet, dass die Weibchen sich am Balzort versammeln und dort das Tanzspektakel der Männchen aufmerksam verfolgen. Sie suchen sich den „attraktivsten" Mann mit der ausladensten Federschleppe und dem längsten Schwanz aus, gemeint sind natürlich die Fadenfedern. Aber dieser muss natürlich auch die „weiblichen Zuschauer" mit einer gekonnten Tanzshow überzeugen. So hat die biologische Evolution die Ausstattung der Männchen mit immer mehr auffälligen Farben und überdimensionierten Zierrat des Federkleides vorangetrieben. Die Männchen fallen dadurch ihren Feinden besonders gut auf. Das Fliehen vor ihnen bereitet auch ziemliche Schwierigkeiten, weil die großen Federschleppen und Fadenfedern im Geäst der Bäume hinderlich sind. Aber auch bei der Realisierung der meisten anderen Lebensfunktionen ist das ausladende Gefieder eher hinderlich als praktisch – es ist ein Handicap. So ist der Balztanz mit allem Federschmuck doch eigentlich Luxus und Verschwendung.

Er steht ganz im Gegensatz zum Ökonomieprinzip in der Natur und müsste eigentlich durch das Wirken der biologischen Evolution als Unnötiges ausgemerzt werden. Im Federschmuck „sehen" die Weibchen aber verborgene Qualitäten. Dieser Schmuck steht für die ausgeprägte Fitness seines Trägers, der trotz der vielen Nachteile, die der Schmuck auch mit sich bringt, dennoch am Leben geblieben ist.

Solche Männchen zeugen von Lebenstüchtigkeit und haben gute Gene, das sollen die Weibchen auch deutlich erkennen. Wenn beispielsweise der Blauparadiesvogel bei der Balz kopfabwärts an einem Ast hängt und mit seinen Schmuckflügeln aufgeregt flattert, kostet ihm diese besondere Körperhaltung viel Energie. Er demonstriert damit den Weibchen seine körperliche Fitness und die Aufrichtigkeit seines Werbens.

Der eigentlich oberflächlich betrachtete, unnötige und nutzlose Schmuck der Paradiesvogelmännchen erfüllt daher doch eine ganz besondere Funktion. Er verhilft den Männchen zu sexueller Behauptung gegenüber den Konkurrenten, beim Balztanz siegreich abzuschneiden und dadurch seine Gene an die nachfolgende Generation weiterzugeben. Im Tierreich ist das auch der Grund dafür, dass sich nicht die „Damen", sondern eher die „Herren der Schöpfung" aufgeputzt und schmuckbehangen in Szene setzen. Das ist zum Beispiel auch bei der Mähne des Löwen, beim ausladenden Geweih der Hirsche, bei der riesigen Schere der Winkerkrabbe und beim gewaltig großen Unterkiefer der Hirschkäfer der Fall. Bei den Hirschkäfermännchen dienen die Unterkiefer als Waffen im Paarungskampf. Der Sieger in einem solchen Kampf darf sich dann mit dem Weibchen paaren. All diese auffälligen Körpermerkmale sind zwar für ihre Träger hinderlich und stellen demzufolge ein Handicap dar, sie signalisieren jedoch verborgene Qualitäten.

„Schaut mich an! Ich kann mir einen so großen Federschwanz leisten, weil ich sehr stark und besonders potent bin!"

Die biologische Evolution hat die Weibchen so „vorprogrammiert", dass sie die Männchen mit den längsten Schwänzen bevorzugen. Der lange Schwanz ist also ein sicheres Zeichen dafür, dass sein Träger fit und potent ist. Genau diese Eigenschaften machen ihn für die Weibchen besonders interessant und attraktiv. Dabei kommt es vor, dass fast alle zuschauenden Weibchen dasselbe Männchen auswählen. Die übrigen Männchen werden verschmäht und gehen leer aus. Das ausgewählte Männchen paart sich dann mit den Weibchen. Obwohl der Paarungsakt nur einige Augenblicke dauert, ist dies für das Männchen doch eine ziemlich anstrengende Sache. Dieses Paarungsverhalten nennt man Polygynie, was so viel wie Vielweiberei bedeutet. Die männlichen Paradiesvögel zeigen kein Interesse an der Aufzucht der Jungen. Durch ihr Sperma geben sie bloß ihre Gene an die nachfolgende Generation weiter. Da haben die Weibchen offensichtlich auch nichts dagegen, wenn sich das Männchen mit den anderen Weibchen am Balzort paart.

Sexuelle Selektion

Charles Darwin (1809-1882) hatte anfangs große Schwierigkeiten, die Federschleppe der Paradiesvogelmännchen mit seiner Lehre von der natürlichen Selektion in Zusammenhang zu bringen.

Die Angelegenheit mit der Federschleppe stand ganz im Gegensatz dazu, dass das der jeweiligen Umwelt am besten angepasste Lebewesen auch die größten Überlebenschancen hat.

Im „Kampf ums Dasein" sieht die Federschleppe zwar prachtvoll und majestätisch aus, jedoch ist sie für viele Lebensfunktionen hinderlich und schränkt die Fortbewegung stark ein. Darwin findet den Ausweg, indem er der natürlichen Selektion die genauso wichtige sexuelle Selektion hinzufügt.

Großer Paradiesvogel Paradisaea apoda

Darwin begründet, dass es nicht nur darauf ankommt, das Überleben der Lebewesen zu sichern, sondern auch die Arterhaltung durch die Weitergabe guter Gene zu bewahren. Hierbei entscheidet im Grunde genommen nicht die Umwelt, sondern es obliegt den weiblichen Paradiesvögeln, ob die Fortpflanzung zu Erfolg oder Misserfolg führt und damit den evolutionären Verlauf bestimmt.

Sex ist daher wichtiger Bestandteil der natürlichen Evolution. Ohne ihn gäbe es keine Paradiesvögel und all die vielen anderen Tierarten, auch keine duftenden und farbenprächtigen Blumen und natürlich auch nicht uns Menschen.

Auch bei uns Menschen beeinflussen reizvolle Äußerlichkeiten die Partnerwahl.

Königsparadiesvogel Cicinnurus regius

Verhalten wir uns auch wie Paradiesvögel?

In gewisser Weise schon, obwohl der oben genannte Sexualdimorphismus bei uns Menschen nur ziemlich schwach ausgeprägt ist. Doch was wir mit Paradiesvögeln gemeinsam haben, ist, dass unsere Partnerwahl auch von visuellen Eindrücken bestimmt wird. Wir sind auch von wohlgeformten Körpern beeindruckt und schmücken uns mit brillanten Accessoires. Mit Äußerlichkeiten wie teuren Autos und Uhren, wertvollen Schmuckstücken und exquisiter Kleidung setzen manche, wie die Paradiesvögel, Angeberei und Imponiergehabe auffällig in Szene. Man kann diese auch hier als sexuelle Lockmittel bezeichnen, die zur Partnerwahl eingesetzt werden. Doch gibt es auch Unterschiede. Bei uns Menschen stellt sich ziemlich schnell heraus, dass Angeberei in soliden Beziehungen kaum Chancen hat.

Auch bei der Partnerwahl gibt es Unterschiede zwischen den Geschlechtern. Meine Hypothese: Männer haben vorwiegend die Angewohnheit, die schönsten Frauen auszuwählen. Bei Frauen ist das meist anders. So verhalten sich manche Männer geradezu wie Paradiesvogelmännchen. Attraktivität macht hier in gewisser Weise unwiderstehlich. Sportliches Aussehen, charmant, witzig und schlagfertig, geschmückt mit einem schnittigen Flitzer und dazu eventuell noch ein stattliches Anwesen – das macht Männer zuerst einmal interessant. Angeber und Schönlinge haben bei näherer Betrachtung kaum Chancen. Früher oder später stellt sich heraus, dass alles nur „Maskerade" und „Bluff" war. Frauen halten es in der Regel für wichtiger, wenn der Mann klug und stark ist und eine gesicherte Existenz aufweist. Diese Tatsache ist evolutionär bedingt. Es sind nämlich Ressourcen, die wie in der natürlichen Selektion dafür sorgen, dass die Nachkommen in gesicherten und behüteten Verhältnissen heranwachsen können.

Bei Männern ist daher vornehmlich die sexuelle Auslese anzutreffen. Sie äußert sich darin, dass sie

Frauen mit großen Brüsten, breiten Hüften und schönem Gesicht für begehrenswert halten. Dabei sind es solche äußerlichen Merkmale, die den Männern Fruchtbarkeit signalisieren.

Diese Tatsache der Bevorzugung äußerer Signale ist eine von den Anfängen der Evolution des Menschen noch erhaltene Prämisse. Aber heute wissen wir, dass vor allem auch innere Werte bei der Partnerwahl in Betracht kommen. Wir sind vielmehr auf der Suche nach Partnern, die sich durch solche Eigenschaften wie Zuverlässigkeit, Hilfsbereitschaft, Verständnis, Toleranz und Fleiß auszeichnen. Trotzdem trifft diese Tatsache nicht generell zu, weil die Partnerwahl bei uns Menschen oft auch intuitiv, also unbewusst ohne vernunftgesteuerte Absicht, erfolgt. Das charakterisiert treffend der Gedanke, dass die Wege der Liebe unergründlich sind. Beispiel dafür ist die Liebesgeschichte zwischen Mandi und Diwahib, von der bei der Geburt der Paradiesvögel berichtet wurde. Diwahibs Liebe zu Mandi war innig und aufrichtig. Er begab sich in Gefahr, um Mandi zu erlösen. Indem sich der Verliebte in eine scheinbar ausweglose Situation begibt, signalisiert er Mut und Risikobereitschaft – auch wenn er dafür sein Leben aufs Spiel setzen muss. Mühsal, Kampf und Schwierigkeiten als Liebesbeweise stärken eine Beziehung. Nur wer innig und wirklich liebt, wie Diwahib, nimmt solche Bürden auf sich. Äußerlichkeiten, wie Schmuck und Zierrat, haben dabei kaum eine Bedeutung. Anders dagegen bei den indigenen Völkern.

Dort hat Federschmuck symbolische Bedeutung. Er verleiht dem Träger magische Kräfte, übernatürliche Macht und zeigt vorbildliche Tapferkeit an. Oft dient er auch als Bindeglied zu den Ahnen. Bei den Indigenen dient das Federkleid der Paradiesvögel heute noch als Kopf- und Körperschmuck. Früher galt er noch als Tauschobjekt, Brautgeschenk und Zahlungsmittel. Trotz Verwendung des Federschmuckes wurden die Vögel von den Indigenen niemals ausgerottet. Um das Jahr 1900 sah das jedoch ganz anders aus. Da wurde die Schönheit des Federkleides zu ihrem Verhängnis. Die Gier und Jagd sowie der Handel mit Federn und Bälgen dieser Vögel erreichte damals in der Kolonie

Deutsch-Neuguinea, dem sogenannten Kaiser-Wilhelms-Land (heute Neuguinea), ihren Höhepunkt. So wurden damals jedes Jahr ca. 20 Tausend Vogelbälge von dort ausgeführt, um als Schmuck für Damenhüte zu dienen.

Damenhüte mit Paradiesvögeln und -federn

In dieser Zeit verkauften die Händler den Hutherstellern, den sogenannten Putzmachern, jeden Balg für 100 bis 150 Reichsmark. Damals eine stattliche Summe, die etwa die Hälfte des durchschnittlichen Monatslohns eines Fabrikarbeiters entsprach. Bei den Frauen galten die exotischen Federn und Bälge auf ihren Hüten als Statussymbol.

Schon damals stellten sich Vogelschützer gegen die Jagd und den Handel mit Paradiesvögeln sowie ihren Federn und forderten Verbote.

Aufgrund ihrer Initiative konnte per Gesetz ab 1914 die Paradiesvogeljagd eingedämmt werden.

Aber kontrollieren konnte man damals die Einhaltung dieses Gesetzes nicht. Auf legalem Wege ist es heute, außer für Forschungszwecke, nicht mehr möglich, die wundervollen Paradiesvögel aus ihren bedrohten Lebensräumen herauszuholen. Ihre Lebensräume schrumpfen durch die Abholzung der Regenwälder, weil diese für Plantagen mit Monokulturen Platz machen müssen. Es gibt zwar Schutzgebiete und Nationalparks, doch dort sind die Vögel in ihrem Bestand auch nicht mehr sicher. Solange Märkte für diese wertvollen Vögel bestehen, ist ihr Handel und die Wilderei ein einträgliches Geschäft.

Literatur

Buske, Ch. (2008) Evolutionär denken – Darwins Einfluss auf unser Weltbild. – Darmstadt: Primus Verlag

Elliot, D. G. (1980) Die Paradiesvögel. – Dortmund: Harenberg Kommunikation

Huf, H.-C. (2013) Die Geschichte der Schönheit. – München: Collection Rolf Heyne GmbH & Co. KG

Joop, G. (1968) Paradiesvögel. – Braunschweig: Georg Westermann Verlag

Joost, W. (1983) Die wundersamen Reisen des Caspar Schmalkalden nach West- und Ostindien 1642-1652. – Leipzig: VEB F. A. Brockhaus Verlag

Lange, E. (1979) Die Farben der Tiere. – Leipzig, Jena, Berlin: Urania-Verlag

Lieckfeld, C.-P.; Straaß, V. (2002) Mythos Vogel- Geschichte, Legenden, 40 Vogelportraits. – München: BLV Verlagsgesellschaft GmbH

Ludwig, M.; Gebhardt, H. (2007) Küsse, Kämpfe, Kapriolen – Sex im Tierreich. – München: BLV Buchverlag GmbH & Co. KG

Reichholf, J. H. (2013) Der Ursprung der Schönheit – Darwins größtes Dilemma. – München: Deutscher Taschenbuch Verlag

Wallace, A. R. (1983) Der Malayische Archipel. – Frankfurt a. M.: Societätsverlag